LÁGRIMAS DE MÁRMOL

MIGUEL GUTIÉRREZ AGUIRRE

Aliar ediciones

Corrección: Eladia Guerrero
Diseño de cubierta: Teresa Gutiérrez Aguirre
Maquetación: Aliar Ediciones

Depósito Legal: GR 607-2025
ISBN: 979-13-87823-00-9

Impreso en España

Edita
ALIAR Ediciones
www.aliarediciones.es
info@aliarediciones.es

LÁGRIMAS DE MÁRMOL

MIGUEL GUTIÉRREZ AGUIRRE

BLOOM

Otoño colorido
en noviembre has venido
a decorarlo todo,

colores divertidos,
naranjas, amarillos
y rojos tan graciosos

resultan curativos,
me curan, son alivio;
¡ya no me siento solo!

TIERRA

No me da la gana de pensar que nada es para siempre.

Despertar desayunando
bollos que trae el abuelo,
mirar desde la terraza
y ver despejado el cielo.

Vemos el mar desde aquí,
vemos las olas bailando
tranquilas, hoy es buen día
para estar con mis hermanos.

SALITRE 48

Hoy he vuelto a soñar
que no acaba la fiesta.

Poemas y canciones junto al mar,
ver cómo sube y baja la marea,
atardeceres desde la terraza,
dejar huella en la arena
dorada de Zarauz mientras camino
sin dirección ni rumbo, soy poeta
y solo quiero contemplar el mundo
bueno que me rodea.

El baile de las olas de armonía
cuando cantas las rimas y leyendas,
halcones peregrinos,
flores, libros y estrellas,
bares y caseríos,
el aire que respiro y que me besa
y acaricia mi rostro
con su brisa traviesa.

La poesía escondida
en la humilde sonrisa de mi abuela.
El cielo, las montañas, los paisajes
que nos regala el norte, ¡la belleza!

Vida contemplativa,
la droga y medicina que remedia
la silenciosa tempestad que llevo
dentro de mi cabeza.

ESTRELLA POLAR

Estas montañas
y estos paisajes
guardan recuerdos
inolvidables.
Tantos veranos
tan especiales,
van floreciendo
las amistades.

Quiero volver
siempre a mi valle;
versos que vuelan,
por estos aires
quieren volver
con los chavales
y compartir
mis recitales.

Margaritas y lirios
silvestres y salvajes
siempre me inspiran,
¡mi interior arde!

Quiero ver las estrellas
en el cielo fugaces
y besar las violetas
que no conoce nadie.

Quiero verdes praderas,
quiero ver animales
y quiero lagos fríos,
donde bañarme.

Quiero andar y perderme
para encontrarme,
y volver a mi casa
con Lucía al volante.

DIAZEPAM

Like a Rolling Stone.

Voy a la fiesta de la luna llena.
La luna me regala una sonrisa
y quiero disfrutar
su alegre compañía.

Y aullar toda la noche,
sin parar, sin cansarme,
los dos necesitamos
un concierto salvaje.

El cielo y las estrellas
escuchan expectantes,
soy lobo solitario
y la luna mi amante.

CORAZÓN MÁRMOL

Las palabras cristalinas
que han salido de tu boca,
un golpe de realidad
que no quiero que me rompa.

Las promesas y las dudas,
¡cuánta luz y cuánta sombra!
Esta cura de humildad
me cimienta sobre roca.

FRÁGILES

Arte de la alegría cotidiana,
ser humilde y quererme tal cual soy;
mostrarme vulnerable,
necesitado y frágil.
Construir los cimientos de mi hogar
sobre las más magníficas estrellas,
transformando el azar en elección.

El camino que estamos recorriendo
es nuestra inspiración
para alcanzar la meta.

¡Quiero vivir y celebrar la vida!
En nuestra casa habrá rosas y libros,
y nuestra biblioteca y la poesía
serán nuestro refugio en el que siempre
encontremos valor en la belleza.

MUNDO DE CRISTAL

Arcoíris que nacen en el mar,
con sus juegos de luces y colores,
nos gustan y divierten al romper
en Zumaia las olas bailarinas
que salpican con gracia, celebrando
la belleza del mundo de cristal
que tú y yo construimos.

Las gotas vuelan libres sonriendo,
alegres y atrevidas nos seducen
al ver cómo dibujan los paisajes
que perfuman y alivian cual canciones
convirtiendo en poesía nuestra prosa,
haciendo verso heroico con mi vida
normal y cotidiana.

LA PARTE DIFÍCIL

Me mata morirme por ti,
me duele y me encanta.

Este cielo ensangrentado
es el más puro reflejo
del corazón sufridor
que llevo dentro en el pecho,

lentamente se desangra
por haber sentido en serio,
y aunque duela darlo todo
para nada me arrepiento,

corazón que quiere más
del bendito sufrimiento,
qué más da una herida más
si así el resto sufre menos,

corazón sacrificado
que abrazando los recuerdos
de heridas y cicatrices
me alcanza un trozo de cielo.

DONDE ME LLEVEN MIS ALAS

Hace poco fui partícipe
del grandísimo talento
de una artista de las grandes,
la maestra del diseño.

Crear es para expresarse
su más valioso instrumento,
porque en este mundo roto
todo se sigue rompiendo.
Estamos esclavizados
por los placeres efímeros.
Es preciso restaurar
y renovar ese encuentro
entre la vida interior
y el entorno que tenemos.
Es vital para el reposo
crear un espacio y tiempo
para rescatar la magia,
recuperar el aprecio
por lo sólido y tangible
que tiene este mundo bello.

¡Hacen falta más valientes,
más soñadores despiertos!

Decorando sus zapatos
yo le ayudo en lo que puedo,
además, todos sabemos
¡puedo ser un gran modelo!
Soy guapo, soy elegante
y le gusto al mundo entero.

Fantasía y realidad,
un paso firme y sereno;
en su valle de tinieblas
hay algo que se despierta,
un simple respiro, un halo
de esperanzas y de sueños.
El cesar de este desorden
me divierte, pero aprendo.

Solo soy un astronauta,
soy un loco en el desierto;
soy discípulo del arte,
un costurero de versos,
porque solo el escribir
aclara mis días negros.

Y llegué a una conclusión:
no consumamos, ¡amemos!

FLACA

Guapa, rubia y morena,
flaca, tú eres perfecta,
siempre tienes razón.

Graciosa y divertida,
flaca, tú eres mi vida,
tú eres mi vocación.

Esos ojos morenos
derriten todo el hielo
que hay en mi corazón.

Esos ojos marrones
brillan como dos soles,
flaca, tú eres mi sol.

Y yo un girasolcito
pequeño, necesito
tu luz y tu calor.

AVIONCITO DE PAPEL

Tus ojos, el reflejo
de Mike, el mar y el cielo.
El salitre en tu piel

es azúcar moreno
que me brinda recuerdos
de los besos de ayer.

Hay canciones y versos
saliendo del sombrero,
¡dulce aroma de miel!

Con solo un movimiento
me enamoras y quiero
ser un mejor Miguel.

QUEMAS

Qué son todas esas sombras
que han oscurecido el día,
que han hecho sangrar tu herida y
van a hacer sangrar la mía.

Elixir de juventud,
manantial de agua divina;
la dulce miel de tus labios,
la razón de mi poesía.

La más clara de las luces
que a mis pinceles inspira,
el origen de mis versos
es tu bendita sonrisa.

Me cuelgo de tu mirada
pues veo que tus pupilas
brillan más que las estrellas
cada vez que tú me miras.

Y me cuelgo de tu voz
que me canta cual rolinga,
¡como un ángel has venido
enviada desde arriba!

Elixir de juventud,
manantial de agua divina,
fuente de felicidad
el verte todos los días.

Eres mi estrella polar,
eres mi norte y mi guía;
mi rumbo y mi dirección,
mi faro de Alejandría.

Y si es verdad que te vas
yo me abrazaré a la luna,
me desgarro y quiero aullar
en nuestro bar de la esquina.

A falta de tu presencia
este tiempo sin claveles,
siento entre tragos y aullidos
dolor que nos fortalece.

Tus recuerdos, mis relatos,
nuestras lágrimas se vierten
en paletas de colores
que permiten que recuerde:

tu sonrisa la más clara
luz de todos mis pinceles;
siempre ¡siempre! que sonríes
todo ¡todo! lo embelleces.

Necesito más que nunca
clara luz para ser fuerte,
enséñame a dar color
a estos locos cuatro meses.

No sé cómo aguantaré
todo este tiempo sin verte,
pero tú estate tranquila
que soy un superviviente.

Disfruta de la experiencia,
nos veremos en diciembre;
regresarás y por fin
ya te tendré para siempre.

Quiero besarte y besarte,
soñarte y cuando despierte
encontrarte entre mis brazos,
y vivir para quererte.

CHAMPAGNE

Soy un loco con sombrero,
poeta de lo ordinario;
escribo: «me siento vivo
cuando río, lloro y canto».

Las guitarras y las flores,
las noches en los tejados;
canciones, poemas, lirios
y amaneceres bailando,

sentimientos y emociones
que traigo de contrabando
hacen florecer las vidas
de aquellos que tengo al lado.

La gente me va diciendo
que le gusta lo que hago,
me motivan a seguir
y es por eso que brindamos

copas de champán francés
que acompañan sus abrazos
mientras brotan nuestras lágrimas
en mis conciertos privados.

MILONGAS DE UN MARINERO

Lobo solitario,
le canto a la luna
y ninfas del bosque
bailando desnudas
consuelan cantando
mis noches oscuras;
conciertos privados
de danzas nocturnas,
fiesta en mi interior,
¡bendigo a la música!

Caballos salvajes
que siempre me inspiran
me llevan al mar
donde se respiran
ganas de vivir,
¡que viva la vida!
Sirenas del mar
cantando en la orilla
buscando rescate
me piden poesía.

CUERDA AUXILIAR

Llegó una brisa tenue, era un susurro;
cantando me decía: ¡Ven al mar!

Mi corazón bailaba enamorado
escuchando el silencio de la paz
de las olas, del viento y de las nubes,
reconciliados tras el huracán.

Quiero vivir cada pequeño instante
con una vibración de eternidad
y quiero daros todo lo que tengo,
incluso todavía un poco más.

SALITRE Y SUDOR

Escuché vuestro canto en la distancia,
olí vuestro perfume de salitre,
sentí en mi piel la brisa dulce y suave,
jugué en aquellos campos de jazmines,
canté vuestras canciones a la luna
de noche en los tejados con los tigres,
probé el jarabe de vuestra poción,
perdí el miedo a llorar y a ser sensible,
¡me descubrí feliz
sin parar de reírme!

Descansé al mirar vuestro cielo azul,
vi en vuestros bosques animales libres,
leí vuestras historias, vuestros libros,
sentí vuestra presencia en los jardines
al pasear tranquilo como un lobo
oliendo vuestros frescos carmesíes.
Bailé vuestra alegría,
lloré vuestra tristeza
¡y entendí los poemas que escribisteis!

100.000 BOLAS DE CRISTAL

Un lobo entre abedules
sueña con Las Virtudes
pues ellas son la base de su felicidad.

Su corazón en llamas
responde a la llamada
y da su fuego eterno a esa ninfa celestial.

CURA DE HUMILDAD

La soberbia humana es la raíz
del pecado y del mal;
veneno que nos quiere ver morir,
el orgullo que me hace fracasar.

Soberbia: el enemigo del amor,
el gusano que pudre el corazón.

Aquel que vive solo para sí
se encuentra muerto para los demás.
La salvación, la tengo siempre aquí
en el bien, la belleza y la verdad.

Mirando al cielo le suplico a Dios:
¡yo no quiero querer tener razón!

MEANT TO BE

Me descubres nuevos mundos,
me abres nuevos horizontes,
cuando en los mensajes tuyos
me recomiendas canciones.

Con la música me salvas,
me transmites los valores
propios de los aprendices
del idioma de los dioses.

Bailo como una medusa
cuando suenan los Wild Horses,
y entre recuerdos me inspiro
caminando por el monte.

Mariposas y luciérnagas,
estrellas y almas del norte,
cantan tranquilas baladas
en las encendidas noches.

Canciones alternativas
de tus CD en el coche
endulzan todos los viajes
verso a verso y golpe a golpe.

Yo no creo en el destino,
creo en nuestras decisiones;
mi faro de Alejandría
en tus vinilos se esconde.

Cuida de este corazón
que con el viento se rompe
pero escuchando tus discos
resurge y se recompone

haciendo de mis cenizas
una medalla de bronce
bañada en sangre y sudor,
como mis versos más nobles.

Ya sé que «todo es de todos
menos los discos de Telmo»,
de pequeño lo aprendí
este loco mandamiento.

EXOPLANETA

Si me tumbo en la cama
con los auriculares,
la música me seda y se disipan mis males.

Mágicas criaturas
salen de mi cabeza,
bailan con mi locura y matan a mi tristeza.

1932

Recuerdo lo que nos dijo
mi abuelo comiendo en casa:
lo importante que es tener
las cabezas amuebladas;
no hagáis caso a lo que dicen
los políticos de España,
porque no es más que un gran circo,
¡son todos cantamañanas!

Eran días de verano,
sonreía y nos cantaba
tomando el aperitivo
al sol en nuestra terraza.
Una copita de vino
en la mano le acompaña
y, cantando, una sonrisa
se le dibuja en la cara.

Yo quiero volver,
volver a mi hogar,
¡volver con Miguel!
A mi lado el mar,
salitre en mi piel,
jugar en la playa y pasármelo bien.

Otro bello atardecer
y un hermoso mar de plata,
una brisa dulce y suave
y un cielo rosa y naranja,
las olas que bailotean
tranquilas en estas aguas
dibujan fieles brochazos
del retrato de mi infancia.

Vemos el sol esconderse
sutil detrás de Getaria,
la abuela riega las flores,
Jaime toca la guitarra,
nos reímos y cantamos;
aquí gobierna la calma
que yo tanto necesito,
¡solo puedo dar las gracias!

Yo quiero volver,
volver a mi hogar,
¡volver con Miguel!
A mi lado el mar,
salitre en mi piel,
jugar en la playa y pasármelo bien.

Aquí las noches deliran
como pájaros en llamas;
la magia que has descubierto

de la vida cotidiana
te ha brindado la poesía,
combustible de tus alas.
Si saboreas el cielo,
¡aquí la fiesta no acaba!

Tantos recuerdos bonitos
agradezco con nostalgia.
Quiero seguir construyendo
más días llenos de magia,
empezando hoy y ahora,
el presente me entusiasma
y miro nuestro futuro
abrazando la esperanza.

Yo quiero volver,
volver a mi hogar,
¡volver con Miguel!
A mi lado el mar,
salitre en mi piel,
jugar en la playa y pasármelo bien.

YELLOW

Busco refugio en tus brazos
y te lloro lo que escribo;
sollozando te confieso
que mis versos más bonitos
no son más que simples sombras
de la luz que has desprendido.

¡Gracias por pintar mi vida
toda entera de amarillo!

BAJO LA LLUVIA

Milagros que haces en mí
dan aliento a mi locura:
cuando vengan días grises,
bailaré bajo la lluvia.

Te doy lo poco que tengo,
toma este cuerpo en ayunas
que te quiere, que te canta
y que escribiendo te busca.

Una nobleza más plena
y una humildad más profunda,
ansío para que Tú
crezcas y yo disminuya,

y tu imagen se refleje
limpiamente en mi conducta
cultivando con tu luz
toda bondad y justicia.

Corazones generosos
y amistades que perduran,
empujados por tu gracia
a recomenzar me ayudan.

Volver a volver a ti.
Sentir la mirada tuya
bañada en fuego de amor,
¡Tú mis silencios escuchas!

Y saber que eres el faro
que me guía cuando a oscuras
mis miedos y mis tristezas
cual nubes negras me nublan.

LUGAR REFUGIO

Siento que estoy flotando
al ver por la ventana
los ángeles de negro
tumbados en sus tablas;
al son de esta canción
sobre las olas bailan,
fluyendo en las mareas
asturianas y vascas.

Escucho las trompetas
del cielo en mi interior
celebrando la fiesta
que hay en mi corazón.

Fantaseo entre vidas
reales y soñadas
sonriendo al misterio
de todas nuestras páginas
aún por escribir
amarillas y blancas.
¡Benditos girasoles
de Sweet Home Alabama!

Contemplo la belleza
que hay a mi alrededor,
en la naturaleza
y en mi imaginación.

Confundo fantasía
y realidad, mi alma
las une porque cose
con hilos de palabra.
Ensueños y verdad,
ahí se halla entre ambas
mi hogar y mi refugio,
¡tu poesía es mi patria!

Me vibran los tambores
que cuelgan de tu voz,
tus versos y canciones
componen mi nación.

NAUFRAGIOS

Adentrándome en los mares
por siempre desconocidos,
me pierdo en la travesía
de conocerse a uno mismo.
Voy remando poco a poco
alumbrando mis abismos
con los fugaces destellos
de un poeta y sus delirios.

Todos mis barcos naufragan
buscando la rima justa
sumergidos en las aguas
de un mar de dudas que asusta.

Hay mareas tormentosas
y corazones hundidos
cual perlas ensangrentadas
en las aguas del olvido,
y antes de morir de nuevo
descubro el canto del mirlo;
¡poco a poco me conozco
más y mejor si te escribo!

Me siento como un lobezno,
quiero cantarle a la luna:
ya sé que soy muy pequeño,
¡sé que necesito ayuda!

ALBATROS

«Abre el balcón. La hora
de una ilusión se acerca…».

Anhelos y esperanzas,
ensueños y delirios, los poetas
brindando y celebrando
mi poesía elegante y callejera:
la creación, el mundo
bueno que me rodea
es bella inspiración.

Me podría pasar la vida entera
escribiendo y cantando.
¡Es hermoso existir! ¡La vida es bella!

WITH A LITTLE HELP FROM MY FRIENDS

La palabra elegante y callejera,
poema interminable, el verso celebrativo
que impregna nuestras almas
cuando nos olvidamos de uno mismo.

Los códigos de barrio
y los himnos urbanos que os escribo,
las rimas que las náyades esconden
en el hacer camino,
los cuentos y los cantos,
las alas desplegadas del halcón peregrino,
el hambre de cultura,
el buen queso, el buen vino,
el crítico mensaje
del corazón salvaje en que me inspiro;
destrozan mis cadenas,
¡la libertad está en el compromiso!

La poesía escondida
en las conversaciones con amigos;
de mi felicidad
origen y motivo.
Las risas, las historias,
esa cerveza fresca, ese rato compartido;
divertido espectáculo sin fin,
¡somos el club de los poetas vivos!

FLORES EN LA CARRETERA

Recuerdo la primera primavera
en que empezó a latir mi corazón;
hicimos en abril una promesa,
querernos conocer más y mejor.

WILD HORSES

Verdes praderas, flores
amarillas y blancas,
árboles soleados,
mariposas doradas,
mariquitas y abejas,
linternas y luciérnagas,
cielos de primavera,
un sol rosa y naranja,

los caballos salvajes
que en mi interior cabalgan
¡encienden una hoguera
caliente en mis entrañas!

Los mares divertidos
con que juego en la playa,
fuentes de juventud
eterna en estas aguas;
edén, el paraíso
mi bien querida patria,
jardín de los aromas
y perfumes de nácar,

liban a fuego lento
las mieles de mi alma

¡y llenan de poesía
mi corazón en llamas!

Este soñador loco
de querer no se cansa…

NOCHE

Quiero perder el miedo a equivocarme:
ver que un orgullo sano se sustenta
en la pequeñez mía,
en mi fragilidad y en mis flaquezas,
y en saber que tu amor
revaloriza todas mis carencias.

CANCIONES

Estudiando el idioma de los dioses,
la música me salva, la música me inspira.
Es la revolución de mi interior:
los pájaros me cantan y las noches deliran.

Es la banda sonora en mi cabeza,
maravillosa orquesta, agridulce sinfonía.
Los conciertos salvajes de las musas alegres
me brindan el cantar de la alegría.

Himnos de libertad son los silencios
con que abrazo la voz de la poesía.

Sumergido entre discos y vinilos
escuchando canciones todo el día;
todas me dicen algo sobre ti,
cantar de los cantares, ¡cantar de golosina!

Las cítaras, las arpas, las trompetas
y un corazón de tinta
que a través de sonetos y romances
canta para arrancarte una sonrisa.

NANA DEL MARINERO

Voy cabalgando por dentro
a toda velocidad
entre delirios y sueños
de un marinero en su hogar.

Tengo los pies en la tierra
y el corazón en el mar,
cántame, rubia sirena,
los himnos de libertad

que los caballos salvajes
que en mi corazón cabalgan
escucharon en los mares
de nuestra querida patria

cerca de los arrecifes
donde nace tu fragancia
de perfumes de salitre,
¡dulces aromas de nácar!

NO HEMOS APRENDIDO NADA

Algazara, alborozo y entusiasmo
se abrazan en el aire que respira,
celebrando una fiesta que no acaba,
un eterno aprendiz de la poesía.

Qué dicha y qué ventura la de Mike:
canta y ríe, radiante de alegría,
exaltado de júbilo y placer,
rodeado de amigos y familia.

Celebra que cerramos esta etapa
que es el comienzo de una nueva vida…

ROMPEOLAS

Cándido amanecer,
ya se dibuja el alba:
un sol ardiente aviva
las madrugadas cálidas.

Un marinero en tierra
desayuna en pijama,
mientras sus sueños corren
descalzos en la playa.

El mar alborotado
refleja en su mirada
inquietudes profundas
de un pescador de almas.

Marinero y poeta,
al mar escribe y canta.
El rumor de las olas
resuena en sus entrañas,

ecos de la armonía
con su sirena amada.
Un tesoro escondido
en su querida patria:

se oye el rugir del mar
oculto en estas páginas,
¡todos sus versos tienen
tintes de agua salada!

ATLÁNTICO

Naufragando entre recuerdos,
dulce melancolía, agradecida nostalgia;

sueño con un futuro
colmado y rebosante de esperanza;

viviendo cada instante
de la vida ordinaria
con una vibración de eternidad,

¡que el amor es jugarse las vidas a una carta!

MIRA

Escuchando el silencio, observando lo invisible
descubro un mirlo blanco cantando en mi interior:
embriagador aroma el perfume de salitre
que anega las entrañas de mi alma de escritor.

Único, interminable, es el verso que se escribe
con la tinta que brinda la sangre de tu amor,
un cántico de gloria es esta ambición humilde;
me declaras poeta, ¡gracias por este don!

Encuentro el agua viva que diviniza el barro
con mi mirada llena de asombro y lucidez,
bondadosa inocencia de un niño enamorado

que ríe, canta, llora y diseña en un papel
las luces y colores escritos, que abrazando
inspiración y oficio, dirigen mi pincel.

TAN JOVEN Y TAN VIEJO

Dos botellas vacías, una puesta de sol
y empieza el *rock'n roll* de mis latidos.

Un Pegaso salvaje me desboca
sin dirección ni rumbo ni sentido;

se deja sorprender
por el oro que esconden mis abismos.

Sustento de mis alas:
la música del tacto, las caricias contigo.

Grabamos nuestros nombres en el mar,
pequeños homenajes sin motivo;
y atrapas una estrella entre tus labios
para guardarla a salvo entre los míos.

¿Escuchas tú también
en tu interior un mirlo?
Escríbeme ese verso que no acaba,
tan joven y tan viejo… ¡tan bonito!

ARTEMISA

Capullo fresco de sombra,
como un gol en el descuento…

No hablas y, sin embargo,
me dices más que cualquiera.

Loco amor de mis amores,
tus lirios me hacen poeta.

Escuchando el eco sordo
de mi voz en tus laderas,
hacen miel con tu recuerdo
las misteriosas abejas
que, hipnotizadas por ti,
rezumban en mi cabeza
siempre fieles a Artemisa,
la diosa naturaleza.

Mariposas que persigo
transfiguran mis ideas
al brillar el sol precioso
que en tus lagos se refleja,
colmando de arcoíris
y coloridas estrellas

esta vida apasionante,
elegante y callejera.

Capullo fresco de sombra,
das alas a mis poemas.

Mi espíritu soñador
tus montañas sobrevuela
respirando el aire fresco,
licor de tus azucenas,
¡signo de la fantasía
fruto de nuestra inocencia!

Como el caballo salvaje
que corre por tus praderas,
voy galopando por dentro
a toda velocidad,
persiguiendo en la poesía
tus himnos de libertad.

PETIT PRINCE

Sé bienvenido al club
de los poetas vivos,
bardos y trovadores
del siglo veintiuno
que observan lo invisible
con el mirar de un niño
y escuchan lo que canta
el silencio escondido
en todo lo que callo
y guardo en mis abismos.

Sé bienvenido al club
de los poetas vivos,
corazones que laten
en verso; es divertido,
escucha tú también
en tu interior al mirlo
que canta lo que callas
susurrando al oído
todos los versos nuevos
que quieren ser escritos.

Sé bienvenido al club
de los poetas vivos,
jóvenes entusiastas
que escriben nuevos himnos

de libertad que esperan
ser cantados a gritos.
Nací para correr
entre sueños y libros
hacia la eternidad
por el jardín de rosas
que sembró el principito…

¡pero apesta a jazmín
tu recuerdo, Rodrigo!

A LA ALTURA JUSTA DE TUS OJOS

Descubro desde donde el mar me habla…

Sin métrica no hay verso y no hay rosa sin espinas.
Tampoco hay libertad sin compromiso.
Sin silencio no hay música, y sin fe no eres artista.

Sin raíces no hay alas. Sin conflicto
no hay amor. Sin tus ojos, no hay poesía.

Sin tus ojos, no juegan
con fuego estas cenizas.

Porque incluso el poeta que decide
trabajar en un banco renace si le miras.

PEREGRINO

Subiendo la montaña,
suena *Stairway to Heaven.*
Cuando llego a la cima,
Jaime duerme

soñando con croquetas
a las que hincar el diente.
Bailando en sus adentros
vive un duende

que no quiere crecer.
Quiere perseguir siempre
ovejas por aquellos
campos verdes.

Y tocar la guitarra,
cantar mirando al puente
sus canciones al viento.
¡Voz silvestre!

Artista alternativo,
siempre a contracorriente.
Un corazón de roble
y de nieve.

Camisetas oscuras
de *Lluvia de noviembre*,
pero armadura blanca
y celeste.

TODO

Cada vez que me miras
dibujas en mi rostro
sonrisas que te cantan
«quiero contigo todo».

Tímido, introvertido,
siempre tan misterioso...
Sabes adivinar
todo lo que os escondo
y guardo en mis abismos,
¡lo conviertes en oro!

Has construido Roma
con las ruinas y escombros
del corazón cansado,
obsesivo y ansioso
que late en mi interior
entre ceniza y polvo.

Haces de mis silencios
un angelical coro.
Escuchas lo que callo,
enjuagas lo que lloro
y transformas mis lágrimas
en versos, ¡verso heroico!

Soy náufrago y pirata,
pero encuentro en tus ojos
dos faros que me salvan
cuando en mi ego me ahogo.

ODE TO MY FAMILY

Qué lujo, el gen supremo;
¡siempre estoy por encima de la media!
Llevo en la sangre dones y talentos
que recibo en herencia.

Así de afortunado soy que escancio
nuestra poción secreta
de honor y disciplina,
tradición y excelencia.

El gusto, la elegancia,
el estilo, la clase, las maneras,
educación, carácter y virtudes.
¡Qué bendición la sangre txikitera!

Astucia, picardía, buen humor,
el vino y la siesta.
El cariño a mi gente
y el amor por mi tierra.
La pasión, el orgullo
y el respeto al color de mi bandera.

El león, arrebato y frenesí
del alma marinera
que ruge en mi interior
y canta contra vientos y mareas.

Medallas y trofeos, apellidos
de célebre eminencia.

Los huesos de los besos
no los merezco. Pero es mi genética.

VIA MERULANA

Te conocí, mi amiga catalana,
en el lugar en que el silencio grita.
Ahí nos encendieron las miradas
y comprendimos: ¡eres una artista!

«Pinta de pija, pinta de moderna».
Soñadora. Valiente y atrevida.
En la mirada guardas una estrella
que te hace ver las luces escondidas

en el dolor. Las cruces que abrazamos
están llenas de rosas con espinas.
Las lágrimas de un corazón cansado
riegan este jardín, y la semilla

se tiene que romper para ser flor.
¡He vuelto a resurgir de mis cenizas!
Viajé a Roma escuchando esta canción
que bebe del jarabe en tus pinturas,

y encontré en mi interior un mirlo blanco
que, con versos, el barro diviniza.
Y canta como un loco enamorado:
¡descubre en lo invisible la poesía!

Son pocos los que entienden a este joven
poeta enamorado de la vida.
Mima con tu pincel mis emociones
y observa que mi vida es amarilla.

ESPADA Y ROSA

Solo quiero ser
tuyo para siempre.

Tú me has devuelto al norte,
cuna de mis laureles,
donde mi corazón
fluye a contracorriente.
Aquí podemos ser.
Y somos diferentes.

Tú me has traído al mar.
Me has traído a la fuente
de que brotan los versos
que, con tinta indeleble,
me tatúan el alma
y la vida embellecen.

¡No ha hecho más que empezar
un amor para siempre!

YOU'VE GOT A FRIEND

Añoro las carreras a la biblio,
dejar las cosas, ir a la explanada
en busca de un café y un cigarrito.
¡Qué míticos cafés de madrugada!

Hacer como que estudio con mi amigo
¡y luego descansar de no hacer nada!

LA RAZÓN

«Sé que Dios tiene planes para mí»,
es la banda sonora de mi vida.
Me enamoré, lo sé, de las canciones
que suenan en las noches encendidas.

Aullando sin descanso en los tejados
o en el jardín bailando con las ninfas,
las canciones saliendo del sombrero
me dan alas de gozo y alegría.

Me besa una sirena dulcemente.
Hace tiempo que vivo a toda prisa.
Me dejó la marea un folio en blanco,
¡dulce arrebato de melancolía!

La gran belleza, me has obsesionado.
Disco, novela, ¡música y poesía!
La mítica tormenta de verano,
un viaje a Roma, furgo y autopista.

Es la belleza de la imperfección,
silenciosa y discreta, la que inspira
las mayores lindezas. ¿El motivo?
¡Las normas solo son orientativas!

ÍNDICE

Este libro se terminó de editar en Granada
en abril de 2025 por

Aliarediciones

www.aliarediciones.es
info@aliarediciones.es